Pedro Calderón de la Barca

La franchota

Barcelona **2024**
Linkgua-ediciones.com

Créditos

Título original: La franchota.

© 2024, Red ediciones S.L.

e-mail: info@Linkgua-ediciones.com

Diseño cubierta: Michel Mallard

ISBN rústica: 978-84-9816-425-1.
ISBN ebook: 978-84-9816-721-4.

Sumario

Brevísima presentación

La vida

Pedro Calderón de la Barca (Madrid, 1600-Madrid, 1681). España.

Su padre era noble y escribano en el consejo de hacienda del rey. Se educó en el colegio imperial de los jesuitas y más tarde entró en las universidades de Alcalá y Salamanca, aunque no se sabe si llegó a graduarse.

Tuvo una juventud turbulenta. Incluso se le acusa de la muerte de algunos de sus enemigos. En 1621 se negó a ser sacerdote, y poco después, en 1623, empezó a escribir y estrenar obras de teatro. Escribió más de ciento veinte, otra docena larga en colaboración y alrededor de setenta autos sacramentales. Sus primeros estrenos fueron en corrales.

Lope de Vega elogió sus obras, pero en 1629 dejaron de ser amigos tras un extraño incidente: un hermano de Calderón fue agredido y, éste al perseguir al atacante, entró en un convento donde vivía como monja la hija de Lope. Nadie sabe qué pasó.

Entre 1635 y 1637, Calderón de la Barca fue nombrado caballero de la Orden de Santiago. Por entonces publicó veinticuatro comedias en dos volúmenes y La vida es sueño (1636), su obra más célebre. En la década siguiente vivió en Cataluña y, entre 1640 y 1642, combatió con las tropas castellanas. Sin embargo, su salud se quebrantó y abandonó la vida militar. Entre 1647 y 1649 la muerte de la reina y después la del príncipe heredero provocaron el cierre de los teatros, por lo que Calderón tuvo que limitarse a escribir autos sacramentales.

Calderón murió mientras trabajaba en una comedia dedicada a la reina María Luisa, mujer de Carlos II el Hechizado. Su hermano José, hombre pendenciero, fue uno de sus editores más fieles..

Personajes

Unos franchotes
Un Alcalde
Un Escribano
Una Franchota

Acto único

(Salen el Alcalde y el Escribano.)

Escribano   Señor alcalde...

Alcalde   Hombre, ¿qué me quieres?

Escribano   Quiérole más que al oro las mujeres.
                   Señor alcalde...

Alcalde   ¿Qué me quieres, hombre?

Escribano   Quiérole más que título a su nombre.
                   Señor alcalde...

Alcalde   ¿Qué me quieres? Dilo...   5

Escribano   Quiérole más que crítico a su estilo.
                   Señor alcalde...

Alcalde   ¿Qué quieres?, que me aguas...

Escribano   Quiérole más que dama a sus enaguas.
                   Señor alcalde...

Alcalde   ¡Al buen Jesús pluguiera
                   que a ser alcalde nunca yo viniera,   10
                   pues que sin mí pudo pasar la villa
                   así pasara yo sin tarabilla!
                   Y porque de pasearme
                   dejes [...] juro a Dios que he de sentarme
                   aunque sea en el suelo.   15

Escribano	Quédese usted con Dios.
Alcalde	Guárdeos el cielo. Pero volved acá... ¿Para qué ha sido lo que me habéis corrido y recorrido?
Escribano	Vine a sacarle hoy de un gran cuidado.
Alcalde	¿Por qué no me sacáis?
Escribano	Se me ha olvidado.
Alcalde	¿Hay casos semejantes? ¿Pues no se os olvidara un poco antes, y no después que me tenéis molido?
Escribano	¡Ah, sí! ¡Válgame Dios! Ya sé que ha sido... Señor alcalde...
Alcalde	Mira que me caigo, acaba ya.
Escribano	Un soplo que le traigo de una prisión muy rara.
Alcalde	Y el soplo ¿es a traición, o cara a cara?
Escribano	No sea mentecato...
Alcalde	Decid si lo oleremos de aquí a un rato.
Escribano	Al lugar ha venido sin saber quién ha sido, una tropa de hombres y mujeres.

20

25

30

Alcalde	Pues bien ¿qué importa? Hombre ¿qué me quieres?
	¿Será bien que interrompa 35
	un alcalde que jueguen a la trompa?
Escribano	Hay muchas opiniones
	de que éstos son grandísimos ladrones;
	Porque ni [...] son ingleses,
	ni alemanes, ni turcos, ni irlandeses, 40
	ni esguízaros, ni medos, ni romanos
	ni cantones, ni persas, ni italianos,
	ni se les sabe [...] patria, estado y nombre.
Alcalde	Pues tanto que mejor. Déjame, hombre.
Escribano	Importa mucho...
Alcalde	¿Qué?
Escribano	Reconocellos 45
	y saber luego dellos;
	quién son, y dónde van, y cómo y cuándo;
	que no es bien que cantando
	anden por el lugar con tanta nota
	una lengua franchota 50
	en que tales gabachos
	piden limosna, y llámanlos borrachos.
Alcalde	¿Eso pasa? [...] Vamos luego al punto
	a saber todo junto,
	quién son, y dónde van, y cuándo y cómo: 55
	¡Verán si alcalde so de tomo y lomo!

11

Escribano	Helos aquí, que vienen ya cantando.
Alcalde	Más parece que vienen rebuznando.

(Salen los Franchotes [cantando].)

Franchotes	Si yo me vach en Fransa	
	la sopa de Iesú,	60
	si yo me vach en Fransa	
	no tornaré ma piú.	

Escribano	Llegad ya.
Alcalde	Sí haré, pero primero...
Escribano	¿Qué? [...]

Alcalde	Rogaros quiero	
	que no me den con algo.	65

Escribano	Llegad: yo quedo aquí, que a todo salgo.
Alcalde	¡Ay qué bellaco encuentro!
	¿Qué importa quedar vos, si yo me entro?

Franchotes	Si yo me vach en Fransa	
	la sopa de Iesú,	70
	si yo me vach en Fransa	
	no tornaré ma piú.	

Escribano	Llegad [...].
Alcalde	¡Jesús, y qué visiones!
	Escribano, ¿entendéis estas canciones?

Escribano	Yo no.	
Alcalde	Yo sí.	
Escribano	Qué dicen ver pretendo.	75
Alcalde	No sé qué dicen, pero bien lo entiendo.	
Escribano	Llegad ya.	

Alcalde
  ¿Ya no llego?
Mis señores chanflones, decí, os ruego,
quién sois, y dónde vais, y cómo y cuándo:
[Aparte] (ilo que puede un alcalde pescudando!) 80

Franchota
Yo [...] responderé por nostra xente,
mío alcaldo.

Alcalde
¡Ay, señores, qué franchota!
En el alma me bulle la chicota
turbar hiciera a Bartolo y Baldo:
imire allí con la sal, que por alcalde dijo alcalde! 85

Franchota
Y yo, y los peregrinos compañeros
andamo ura pobres Estranxeros,
vedendo Monserratos e San Iaco.

Alcalde [Al Escribano.] Vos sois un grandísimo bellaco.
pues decís que ladrones 90
son, y van a rezar sus devociones,
y sin ningún desgarro
monos herrados beben en su jarro.

Franchota	¡Bene mío, el mío cor...!
Alcalde	¡Ay mentecato de mí!
Franchota	Vos sois el mío cor asucarato. 95
Alcalde	Tan triste estó, que de contento lloro; en fin ¿Yo so su cucharón y coro?
Franchota	E ¿qué vulite de me?
Alcalde	Franchota hermosa, ¿bollos de miel decís?, ¡qué linda cosa!
Escribano	Preguntad de qué vive.
Alcalde	El diablo os tome: 100 ¿No es forzoso vivir de lo que come? Mas por volver a hablalla sin dar nota, se le he de pescudar. ¡Ay, qué Franchota! ¿De qué vivís? Decid...
Franchote	No entender niente.
Alcalde	¿Veis? ¿No lo dije yo? De untar el diente, 105 ¿De qué pasáis la vida?
Franchota	¡Oh bagatela! De cantare cantiña tarantela.
Alcalde [Al Escribano.]	Sois un pícaro vos...
Escribano	¿Qué os alborota?

14

Alcalde	En decir que es ladrona. ¡Ay qué Franchota!	
	Tan vertuosa niña,	110
	y tarantola, y cántaro con tiña.	

Franchota	¡Ay, que no me hay entiso!	
	Que no es aquiso, frate, sino aquiso:	
	Adote música y la tarantela,	
	desota la polé de la Gonela.	115
	A lo mar, y a lo mar,	
	que salta tú si vui saltar.	
	A lo mar chico dexoya	
	folla capucha cocucetona,	

Alcalde	Basta, que la cabeza tengo rota.	120

Franchota	Que ésta es la tarantela.

Alcalde	¡Ay, qué Franchota!

Franchota	Si vole Vuseñoría
	cualque altra cousa de la vita mía,
	diga cualque parola.

Alcalde	¿Quién se vio en semejante carambola?	125
	¿qué me quieres decir?	

Franchota	Que aquesta dona
	de la vostra persona
	esquiava es, esquiavuza y esquiavota,
	y esquiavaza también.

Alcalde	¡Ay, qué Franchota!	
	Pero no ha de salirle muy de balde,	130

porque ¿so alcalde, o no so alcalde?
¿Qué más tenéis que hacer en esta villa?

Franchota   El lantururú.

Alcalde   ¿Qué es esto, tarabilla?

Franchota   Si no me avite entiso
                   el lantururú es aquiso: 135
[Canta y baila.]   Monsiur de la Valeta,
                   ¿por qué me mata vuy,
                   si so tan bon soldat
                   en la guerra cuanto tú?
                   Lanturulú, lantantú.   140

Alcalde   Yo he de morir si dura esta chacota.
                   De aquí todos os id. ¡Ay, qué Franchota!

Franchota   Fuchite tuti, que aquisto alcaldo
                   nos volite matar.

(Vanse los Franchotes.)

Alcalde   Vos huís en vano
[Asiéndola.]   teneos a la justicia,
                   que no os ha de valer vuestra malicia.
                   Y vos id a seguillos, tarabilla,
                   nenguno se nos vaya de la villa.

Franchota   Core mio belo, mia vita, bene mio;
                   decame ir libre,   150
                   sinacho culpa,
                   ¿empender si te gano?

Alcalde	¡Ay, que Franchota!
	aunque más os remilguéis
	con franchotes arrumacos,
	vos no os habéis de ir de aquí,	155
	presa habéis de estar en tanto
	que yo entienda vuessa lengua,
	y que sepa cómo y cuándo.

Alcalde ¡Ay, que Franchota!
aunque más os remilguéis
con franchotes arrumacos,
vos no os habéis de ir de aquí,   155
presa habéis de estar en tanto
que yo entienda vuessa lengua,
y que sepa cómo y cuándo.

Franchota ¿Cómo qué? Alcalde, alcaldillo,
alcaldote, y alcaldazo.   160
Vos no sabéis quién soy yo
pues que os atrevéis a tanto.
No hagáis que llame un gigante
de los que conmigo traigo,
que sin qué ni para qué   165
os mate a coces, y a palos.

[Sale el Escribano.]

Escribano Señor alcalde, ya todos
los franchotes han volado.

Alcalde ¡Pues vos pagaréis por todos!

Franchota ¡Pietá, pietá, per Dio Santo!   170

Alcalde No hay pietá, que no es bien
me deis en tan breve espacio
en irlandés los favores,
las coces en castellano.

Franchota Pues si aquesto no volite,   175
por el aire iré volando.

Alcalde	No harás, que primero yo
	te sabré tener del faldo,
	si aquí no me desenojas,
	haciendo un baile extremado. 180

Franchota	Tenga, que yo lo haré así,
	pues ya salen a ayudarnos.

Fin de la obra

Libros a la carta

A la carta es un servicio especializado para

empresas,

librerías,

bibliotecas,

editoriales

y centros de enseñanza;

y permite confeccionar libros que, por su formato y concepción, sirven a los propósitos más específicos de estas instituciones.

Las empresas nos encargan ediciones personalizadas para marketing editorial o para regalos institucionales. Y los interesados solicitan, a título personal, ediciones antiguas, o no disponibles en el mercado; y las acompañan con notas y comentarios críticos.

Las ediciones tienen como apoyo un libro de estilo con todo tipo de referencias sobre los criterios de tratamiento tipográfico aplicados a nuestros libros que puede ser consultado en Linkgua-ediciones.com.

Linkgua edita por encargo diferentes versiones de una misma obra con distintos tratamientos ortotipográficos (actualizaciones de carácter divulgativo de un clásico, o versiones estrictamente fieles a la edición original de referencia).

Este servicio de ediciones a la carta le permitirá, si usted se dedica a la enseñanza, tener una forma de hacer pública su interpretación de un texto y, sobre una versión digitalizada «base», usted podrá introducir interpretaciones del texto fuente. Es un tópico que los profesores denuncien en clase los desmanes de una edición, o vayan comentando errores de interpretación de un texto y esta es una solución útil a esa necesidad del mundo académico.

Asimismo publicamos de manera sistemática, en un mismo catálogo, tesis doctorales y actas de congresos académicos, que son distribuidas a través de nuestra Web.

El servicio de «libros a la carta» funciona de dos formas.

1. Tenemos un fondo de libros digitalizados que usted puede personalizar en tiradas de al menos cinco ejemplares. Estas personalizaciones pueden ser de todo tipo: añadir notas de clase para uso de un grupo de estudiantes, introducir logos corporativos para uso con fines de marketing empresarial, etc. etc.

2. Buscamos libros descatalogados de otras editoriales y los reeditamos en tiradas cortas a petición de un cliente.